LA VOIX

D'UN MYSTIFIÉ

Du 2 Décembre

LA VOIX
D'UN MYSTIFIÉ
Du 2 Décembre

M. ÉMILE OLLIVIER — MANDAT IMPÉRATIF

LE SERMENT

Par É. DIGEON

Prix : 30 centimes.

« Ils ont été MYSTIFIÉS. »
(Émile Ollivier : *Le 19 Janvier*, page 290.)

LE 19 JANVIER DE M. ÉMILE OLLIVIER

EN GUISE D'AVANT-PROPOS

I

Page 13.

« En 1848, ayant à peine 22 ans, je fus nommé
« commissaire général dans les départements des
« Bouches-du-Rhône et du Var, par M. Ledru-
« Rollin, qui *avait de la bienveillance pour moi*
« *et de l'amitié pour mon père...* »

Page 103.

« 19 juin 1857. — Électeurs, il n'est pas né-

« cessaire que je vous expose ma foi : MON NOM,
« MON PASSÉ vous l'ont apprise... »

Page 11.

« Le jeudi 10 *janvier* 1867, à cinq heures du
« soir, J'AI ÉTÉ INTRODUIT AUX TUILERIES, DANS LE
« CABINET DE L'EMPEREUR... »

Page 290.

« .... Pourquoi n'aurais-je pas *accepté l'audience*
« *qui m'était offerte* ? Il est des répugnances que
« je m'explique : Je comprends *qu'aucune dé-*
« *marche* ne puisse apaiser ceux qui ne se plai-
« gnent du coup d'État que parce qu'il a été fait
« contre eux, au lieu d'avoir été fait avec eux.
« *ILS ONT ÉTÉ MYSTIFIÉS.* »

II

On sait comment et avec quelle facilité M. Ollivier s'est laissé *apaiser* par les *démarches de l'Empereur.*

Mais il est difficile de concevoir comment il a osé insinuer perfidement qu'il existe, parmi les victimes du 2 décembre, des hommes qui auraient pris part au sanglant renversement de la République, si le président Louis Bonaparte les y avait conviés !

Il sait cependant que, s'ils avaient comme lui mendié à la porte des triomphateurs, ils auraient, *comme lui, obtenu grâce et faveur* pour eux et pour les leurs.

Ils ont préféré la prison, l'exil, la transportation, la mort.

Oh ! M. Ollivier ne sera jamais avec ces *mystifiés*.

Il s'est rangé de lui-même parmi les mystificateurs.

———

LE MANDAT IMPÉRATIF

I

Entre toutes les questions soulevées par l'agitation électorale, il en est une qui doit, surtout, attirer l'attention des *vrais démocrates*, — j'entends par vrais démocrates *ceux qui repoussent tout système de gouvernement dans lequel il n'est pas permis au peuple d'exercer ses droits d'une façon directe et incessante.*

Cette question, c'est la limitation et la détermination, *par les électeurs*, du mandat confié aux députés : — limitation de durée, sans s'arrêter à celle que fixe la loi; détermination des solutions de certains problèmes politiques ou sociaux.

Nous avons été surpris en voyant tous les candidats, même ceux qui se disent démocrates radicaux, refuser de se soumettre à ces conditions. — Leur dignité ne leur permettrait pas, ont-ils dit, d'entrer au Corps législatif avec cette marque de défiance.

II

Et ces mêmes hommes acceptent chaque jour, d'un simple particulier, pour des affaires privées, des mandats très-soigneusement *déterminés d'avance*, et dont la durée dépend uniquement de la volonté du mandant.

Ils comprennent qu'un ami, qu'un parent même, doit prendre la précaution de limiter leur pouvoir et de leur imposer des solutions d'affaires.

Leur dignité ne s'en révolte pas.

En effet, quel est l'homme qui peut se croire à l'abri d'une erreur, d'une aberration et avoir la certitude complète de ne rien faire de contraire aux intérêts de son mandant ?

Les intérêts publics, où les résultats d'une faute peuvent être désastreux, sont-ils moins sacrés que ceux d'un particulier ? — Sont-ils moins dignes de précaution ?

Sous ce rapport, donc, aucune raison admissible n'autorise les candidats à refuser de se soumettre à la volonté des électeurs.

III

Plusieurs propositions ont été faites quant à la restriction de la durée du mandat.

Les unes se fondent, surtout, sur l'utilité évidente des réunions publiques politiques qui ne peuvent, d'après la loi actuelle, avoir lieu que durant une période électorale, — il s'agit de provoquer, par la démission des députés, la répétition plus fréquente de périodes électorales.

Les autres s'attachent principalement à la force que puiseraient les députés de l'opposition dans des réélections successives, qui démontreraient la continuation de leur parfait accord avec la volonté du peuple.

Il est facile de concevoir qu'en présence de ces

affirmations périodiques, les autres députés finiraient par comprendre que, par leur immobilité, ils pourraient encourir le reproche de ne plus être les représentants de la volonté nationale.

Ceux qui auraient un peu de pudeur seraient entraînés par le mouvement, et la loi électorale se trouverait, ainsi, modifiée de fait.

Dans tous les cas, il est incontestable que les députés démissionnaires réélus reviendraient à la chambre avec une autorité plus grande, tant à cause de la ratification de leur mandat, que parce qu'ils auraient pu, au milieu des réunions électorales, se rendre compte des nouvelles aspirations de leurs électeurs.

Sous tous les points de vue, donc, on doit repousser la prétention des candidats de se soustraire à un engagement formel quant à la restriction de la durée de leur mandat.

IV

Aucun doute ne peut, non plus, être admis au sujet de la nécessité de déterminer d'avance la solution de certaines questions capitales. — Ces solutions doivent constituer précisément le programme de chaque candidat démocrate.

Il faut qu'elles soient acceptées dans les professions de foi — comme, par exemple : la suppression du budget des cultes ; l'abolition des armées permanentes ; la répartition plus équitable des impôts qui ne doivent peser que sur le superflu tant que chacun n'aura pas le nécessaire ; l'organisation du travail par l'association libre ; etc, etc.

Elles doivent être indiquées surtout en vue d'un avenir qui peut être prochain — il ne faut plus s'exposer a être pris au dépourvu.

V

Il importe que les électeurs disent bien haut, qu'ils n'entendent pas envoyer à la chambre *des conciliateurs* pour *obtenir*, par une entente avec les hommes du gouvernement, la *restitution arbitraire* de nos libertés, et qui pourraient, après la *concession* de quelques unes de ces libertés et même pour y arriver, se croire autorisés à accepter des postes honorifiques, soit dans les commissions nommées par une majorité réactionnaire, soit dans des missions scientifiques ou autres organisées par le gouvernement.

Il faut que nos députés sachent que leur mission est de lutter énergiquement pour arriver au triomphe définitif et complet des principes éternels de notre grande révolution, que l'irrésistible logique de l'histoire a fait inscrire en tête de la constitution.

Pas de faiblesse pour des noms aimés, pas de ménagements pour des susceptibilités non motivées — exigeons des engagements formels.

VI

Qu'on se reporte, par la pensée, aux élections de 1857 et à celles de 1863 : — Avec quelle indignation n'aurait-on pas repoussé alors l'idée de soumettre MM. Ollivier et Darimon à l'engagement de ne pas franchir le seuil des Tuileries.

On n'aurait pas voulu tenir compte même de la possibilité d'aberration, en présence d'hommes dont le passé semblait, *à presque tous*, répondre de l'avenir.

Prenons garde en commettant la même imprudence d'arriver au même résultat.

L'histoire démontre que, par un singulier contraste, le peuple témoigne toujours, ou un excès de confiance, ou un excès de défiance.—Et chose plus étrange, c'est lorsque ses représentants se trouvent en face d'un pouvoir armé de toutes les séductions qu'il prend moins de précautions vis-à-vis d'eux; c'est pour le jour du triomphe qu'il leur réserve ses rigueurs et ses exigences.

Tant qu'il en sera ainsi la nation sera trompée ou égarée.

Quand donc comprendrons-nous que tous ceux qui, à tous les degrés, aspirent à l'honneur de représenter le peuple doivent lui être soumis, au moins autant que les courtisans le sont aux Majestés Impériales dont il est, lui, le souverain.

VII

Tant que la loi ne soumettra pas les députés à la *possibilité incessante de révocation*, il sera indispensable de prendre à leur égard les plus rigoureuses précautions.

Dans un gouvernement vraiment démocratique, la *représentation* nationale, le mot le dit, ne doit être que l'*expression incessante des modifications progressives de l'opinion publique*, — de façon que, si un député cesse d'être en harmonie avec ses électeurs, il faut que ceux-ci puissent le rappeler.

Quand il en sera ainsi, le mandat de représentant du peuple ne sera recherché ou accepté que par des hommes de dévouement réel.

Il sera inutile d'exiger l'engagement de n'accepter aucune fonction publique ; car, alors, les administrés choisiront directement leurs administrateurs. — Les emplois qui demandent des connaissances spéciales, seront donnés, après concours, par des jurés tirés au sort parmi ceux qui occuperont l'emploi immédiatement supérieur.

Dans un semblable système il n'y aura, en dehors de l'élection directe du peuple, que les ministres et les ambassadeurs, qui seront nommés par la Chambre des députés et révocables à sa volonté.

VIII

Nous savons d'avance que ceux qui ont intérêt à maintenir les abus du favoritisme crieront contre *l'utopie* !

Ils n'oseront pas dire qu'une telle organisation serait mauvaise — ils la déclareront impossible à réaliser, surtout en ce qui concerne la révocation des députés.

Mais les hommes de bonne volonté ne doivent pas reculer devant la prétendue impossibilité de résoudre un tel problème.

Ils doivent dire : *Il faut le résoudre.*

Que tous se mettent à l'œuvre afin que, l'heure venue, chacun puisse apporter sa pierre pour la réédification de l'édifice social.

IX

En attendant, nous devons chercher, dans le mécanisme légal de la Constitution, tous les moyens possibles de nous rapprocher du but : *La faculté incessante d'exercer librement et directement notre souveraineté collective.*

Puisque la Constitution ne s'y oppose pas, obligeons nos représentants à restreindre la durée légale de leur mandat, et à suivre nos indications pour la solution des questions capitales.

Si le temps nous manque pour obtenir leurs engagements préalables, nous pourrons, après les élections, adresser par écrit, à ceux qui seront nommés, des significations collectives pour qu'ils aient à tenir compte de nos désirs.

Sachons profiter des leçons du passé.

Électeurs, le moment est solennel :

Prenez garde à vous !

LE SERMENT

Aux futurs Représentants du Peuple.

En vous décidant à passer courageusement devant le dragon qui, selon l'expression mythologique de Barbès, garde l'entrée du Corps législatif, vous n'avez pas entendu certainement vous laisser dévorer par lui.

Le serment renferme deux engagements distincts, — Le premier, d'*obéissance* à la Constitution, — le second, de *fidélité* à l'Empereur.

L'idée d'obéissance à une loi exclut celle de réciprocité, — l'idée de fidélité à une personne, au contraire, l'implique logiquement; s'il est vrai que l'esclavage est aboli.

La loi aurait pu dire *obéissance* à la constitution *et à l'Empereur*. En présence de la faillibilité humaine, elle ne l'a pas voulu.

Elle a dû prévoir le cas où il méconnaîtrait l'obéissance qu'il doit *lui-même* à la loi.

Et, pour qu'aucun doute n'existe à cet égard, elle l'a déclaré *responsable*.

Vous savez tous que l'invincible logique de l'histoire a fait mettre la Constitution sous la garantie supérieure de la reconnaissance formelle des principes de notre glorieuse révolution, en tête desquels figure la liberté.

Il résulte, donc, qu'en prêtant, *d'abord*, serment d'obéissance à la Constitution, vous avez, *avant tout*, pris l'engagement d'affirmer, de revendiquer et de défendre envers et contre tous, sans exception, ces éternels principes.

Relisez-les attentivement : vous y trouverez l'énumération de nos droits et l'indication des moyens de les faire respecter.

———

La légalité des démonstrations qui précèdent ne peut être contestée.

C'est, sans doute, par des considérations semblables que M. Émile Ollivier a été logiquement amené à écrire, dans son *19 janvier*, page 364, la phrase suivante :

« LA RESPONSABILITÉ DE L'EMPEREUR, NE POU-
« VANT ÊTRE MISE EN ACTION QUE PAR UN PLÉ-
« BISCITE OU PAR UNE RÉVOLUTION, EST LA RECON-
« NAISSANCE CONSTITUTIONNELLE DE LA SOUVERAI-
« NETÉ POPULAIRE, AU NOM DE LAQUELLE SE SONT
« FAITES LA RÉVOLUTION ANGLAISE DE 1688 ET LES
« RÉVOLUTIONS FRANÇAISES DE 1830 ET DE 1848. »

Mais tout en reconnaissant l'exactitude de l'affirmation légalement révolutionnaire de l'auteur du *19 janvier*, ne le suivez pas dans ses inconséquences : — Ne cherchez pas à vous faire épouser.

Que son exemple vous serve de leçon — vous en seriez bientôt réduits, comme lui, à dire, en pleurant votre vertu perdue :

« Ils sont comme ces mauvais sujets qui com-
« promettent les honnêtes filles et ne les épousent
« pas. » (19 *janvier*, page 383.)

Il est vrai que M. Ollivier ne renonce pas si facilement ; — il est comme ces filles qui aiment toujours les mauvais sujets qui les ont séduites, et s'éloignent, de plus en plus, des amis qu'elles avaient quand elles étaient sages.

Il recherche de nouveau ceux qui l'ont... *compromis.*

La question est de savoir s'il sera épousé avec son petit paquet de libertés lentement octroyées — ou s'il épousera le gros ballot des restrictions arbitraires.

———

Quant à vous, n'acceptez pas comme *restitué ce*

qu'on pourrait vous prendre encore, ainsi qu'on l'a déjà pris.

N'oubliez pas le cri d'alarme du vieux Troyen :

« Timeo Danaos et dona ferentes. — *Je crains « les Grecs même lorsqu'ils apportent des pré- « sents.* »

Et moi j'ajoute : C'est surtout alors qu'il faut s'en méfier.

Ils sont Grecs, cela suffit.

———

Et s'ils disent qu'ils sont régénérés par l'*absolution.*

Répondez-leur avec tous les moralites : — que la validité de l'absolution est toujours subordonnée, non seulement à l'absence de pression violente sur celui qui la donne — mais encore à la sincérité du repentir manifestée par la *restitution complète* et par la *renonciation définitive*.

www.ingramcontent.com/pod-product-compliance
Lightning Source LLC
Chambersburg PA
CBHW061018050426

42453CB00009B/1506